Prüfbuch für Pressen

mit Hinweisen, Erläuterungen und mit
Rahmenplan für Prüfungen von Pressen

Bearbeitet von Dipl.-Ing. Martin Schulte und Thomas Schulz-Basten

25., neu bearbeitete Auflage

unter Mitwirkung des Fachbereichs „Holz und
Metall" der DGUV, Sachgebiet „Maschinen, Robotik
und Fertigungsautomation (SG MRF)"

ERICH SCHMIDT VERLAG

Vorwort zur 25. Auflage

Auch die 25. Auflage des Prüfbuchs wurde durchgesehen.

Das Prüfbuch soll bei der Prüfung von Pressen auf arbeitssicheren Zustand als Arbeitshilfe dienen; es dient insbesondere der Niederlegung der Prüfergebnisse.

Das Prüfbuch wurde im Wesentlichen für Pressen der Metallbearbeitung (Kaltbearbeitung) konzipiert; es kann im Prinzip auch bei Prüfungen von Pressen mit anderem Einsatzgebiet oder von pressenähnlichen Arbeitsmaschinen verwendet werden.

Der im Prüfbuch enthaltene Rahmenplan für Prüfungen von Pressen erhebt keinen Anspruch auf Vollständigkeit. Die darin genannten Hinweise sind allgemeiner Art und ersetzen nicht die gründliche Auswertung von Sicherheitsvorschriften durch den/die Prüfer.

Zum Formular „Betriebsarten/Bewegungen/Schutzmaßnahmen": Hier kann die Wirksamkeit der Schutz- und Steuereinrichtungen zur Absicherung des Werkzeugeinbauraums auf Bewegungen je nach eingestellter Betriebsart in übersichtlicher Form vermerkt werden.

Falls Unklarheiten über Anwendung oder Auslegung von Sicherheitsvorschriften bestehen, sollte der zuständige Unfallversicherungsträger oder die zuständige Aufsichtsbehörde zu Rate gezogen werden.

Düsseldorf, im November 2022

M. Schulte
T. Schulz-Basten

Inhalt

1. Einleitung

Mängel an Pressen können schwere Verletzungen der Beschäftigten zur Folge haben. Prüfungen können helfen, Unfälle an Pressen zu verhüten.

Prüfungen von Pressen werden vielfach mit der allgemeinen Instandhaltung verbunden, deren Aufgabe die Erhaltung der Gebrauchseigenschaften der Pressen ist. Mit Hilfe des im Prüfbuch enthaltenen **Rahmenplans für Prüfungen von Pressen** der Metallbearbeitung (Kaltbearbeitung) sollen sicherheitstechnische Mängel aufgedeckt werden (der Rahmenplan kann Anhaltspunkte ergeben, wenn keine Prüfliste des Pressenherstellers vorliegt).

Je nach Bauart und Ausrüstungen von Pressen kann der Prüfaufwand unterschiedlich sein. Eventuell müssen wichtige Bauteile demontiert und anschließend beurteilt werden. Pressenhersteller treffen Festlegungen für Prüfungen aufgrund erworbener Kenntnisse und Erfahrungen.

Bei Prüfungen von Pressen auf arbeitssicheren Zustand müssen auch die Hinweise der Hersteller berücksichtigt werden.

Hinweis: Zusätzliche Informationen zum Prüfen siehe BGI/GUV-I 724 (DGUV Information 209-030) "Pressenprüfung". Die BGI soll den Betreiber von Pressen bei der Umsetzung der Betriebssicherheitsverordnung (BetrSichV) bezüglich

- Anforderungen an befähigte Personen für die Pressenprüfung,
- Umfang und Durchführung der Prüfungen durch befähigte Personen,
- jeweils heranzuziehender Prüf-/Beurteilungsgrundlage,
- Nachweis der Prüfungen,
- und über wichtige Beschlüsse der Unfallversicherungsträger zum Umgang mit dem Maschinen-Altbestand informieren.

Die BGI/GUV-I 724 (DGUV-I 209-030) „Pressenprüfung" kann kostenlos (PDF-Format) bei den Berufsgenossenschaften, Ihrem Unfallversicherungsträger oder der DGUV (www.dguv.de) heruntergeladen werden.

Zum Prüfbuch gehören die Formulare:

(A) Art der Maschine

(B) Datum der ersten und letzten Eintragung im Prüfbuch, Anschrift des Betreibers, Inventar-Nr.

(C) Angaben zu Maschine und berührungslos wirkenden Schutzeinrichtungen

(D) Unterlagen für die Prüfung

(E) Vermerke

(F) Nachlaufmessprotokoll

(G) Prüfungsbefund über eine Prüfung vor der ersten Inbetriebnahme/regelmäßige Prüfung/außerordentliche Prüfung

(H) Betriebsarten/Bewegungen/Schutzmaßnahmen

2. Angaben zur Maschine und zu berührungslos wirkenden Schutzeinrichtungen

Formular (C)	
Maschine	
Bezeichnung:	
Hersteller:	
Lieferer/Importeur:	
Typ/Baureihe:	
Baujahr:	Fabr.-/Auftrag-/Werks-Nr./Kommission:
Umbau in:	durch Fa.:
Berührungslos wirkende Schutzeinrichtungen	
Art, Einsatzort:	Art, Einsatzort:
Anordnung:	Anordnung:
Hersteller:	Hersteller:
Typ:	Typ:
Geräte-Nr.:	Geräte-Nr.:
Art, Einsatzort:	Art, Einsatzort:
Anordnung:	Anordnung:
Hersteller:	Hersteller:
Typ:	Typ:
Geräte-Nr.:	Geräte-Nr.:

3. Unterlagen für die Prüfung

Formular (D)
Dieses Prüfbuch ist die Fortsetzung von Prüfbuch Nr.:
Datum der letzten Eintragung:
Die Betriebsanleitung der Maschine ist einzusehen bei:
Falls eine Prüfliste des Pressenherstellers vorliegt, hier Hinweis darauf eintragen:

4. Prüfung von Pressen

4.1 Rahmenplan

Pressenprüfungen dienen der Feststellung, ob die Presse sich in arbeitssicherem Zustand befindet und ohne Bedenken in Betrieb genommen bzw. bis zur nächsten Prüfung weiter betrieben werden kann.

Der Arbeitgeber bzw. der Betreiber soll die im Hinblick auf Prüfungen zutreffenden Hersteller-

Prüfpunkte
Elektrische Anlage allgemein
Mit der elektrischen Anlage werden regelmäßige Prüfungen durchgeführt?
Hauptschalter
Hauptschalter abschließbar?
Hauptschalter unbeschädigt?
Not-Halt-/Aus-Taster
Not-Halt-/Aus-Taster unbeschädigt?
Schaltsperre
Schaltsperre unbeschädigt?
Schaltwerk, Schaltgestänge
Fester Sitz der Nocken, Endschalter?
Wahlschalter
Wahlschalter abschließbar?
Schlüssel nur bei verriegeltem Griff abziehbar?
Schaltknebel nur in einer Stellung aufsteckbar?
Wahlschalter unbeschädigt?
Doppelventile
Keine Notbetätigungen vorhanden/Notbetätigungen fest verdeckt?
Speziell bei pneumatischen Doppelventilen
Vorschriftsmäßige Schalldämpfer?
Druckluftbehälter
Mit den Druckluftbehältern werden regelmäßige Prüfungen durchgeführt?
(Druck führende) Hydraulik-Schlauchleitungen
Schlauchleitungen nicht überaltert?
Außenschicht unbeschädigt, keine Rissbildung?
Armaturen unbeschädigt, nicht deformiert?
Kein Herauswandern der Schläuche aus den Armaturen?
Dichtheit

informationen, Erkenntnisse der gesetzlichen Unfallversicherungsträger/staatlichen Arbeitsschutzverwaltungen/zugelassenen Überwachungsstellen/notifizierten Stelle sowie betriebliche Erfahrungen und relevante Informationen zu den einzuhaltenden Anforderungen dem Stand der Technik entsprechend berücksichtigen. Nachstehender Rahmenplan (ohne Anspruch auf Vollständigkeit) kann Anhaltspunkte ergeben, wenn keine Prüfliste des Herstellers vorliegt.

Formular (E) für Vermerke	20__	20__	20__	20__	20__	20__
e nach Anforderungen der heranzuziehenden Prüfgrundlage/Ergebnis einer Gefährdungsbeurteilung erforderliche Schaltsperre. (U. u. gilt die Not-Halt-/Aus-Einrichtung als Schaltsperre).						

Prüfpunkte
Rohrleitungen
Vorschriftsmäßige Verschraubungen (abstützende Seite bei hydraulischer Hochhaltung)?
Fester Sitz an den Befestigungspunkten?
Dichtheit?
Sicherheitsventile (Überdrucksicherung)
Keine fehlenden Plomben an Druckbegrenzungsventilen, die plombiert sein müssen?
Bruchplatte
Original-Bruchplatte vorhanden/Originalersatzteil eingebaut?
Freiliegender Exzenter
Fangbügel vorhanden?
Leitern, Treppen und Geländer
Vorschriftsmäßige Leitern, Treppen und Geländer?
Leitern, Treppen und Geländer unbeschädigt?
Gitterroste befestigt?
Pressengestell
Keine Rissbildung (Sichtprüfung)?
Schallschutzverkleidung
Ggfs. fester Sitz der Befestigungsschrauben?
Schilder
Schilder lesbar?
Schlaufengrube/Bodenöffnungen
„Seitenschutz"/Abschrankmaterial vorhanden?
Schwungrad
Völlige Umkleidung des Schwungrades?
Stößelaufhängung
Fester Sitz der Befestigungsschrauben?
Stößelgewichtsausgleich
Fester Sitz der Befestigungsschrauben?
Stößelverriegelung
Endschalter, Endschalterkabel unbeschädigt?
Anzeige des verriegelten Zustandes vorhanden?

Formular (E) für Vermerke	20__	20__	20__	20__	20__	20__

nach Anforderungen der heranzuziehenden Prüfgrundlage/Ergebnis einer Gefährdungs-
eurteilung erforderliche Stößelverriegelung, u. U. selbsttätig über den gesamten Hub wirksam.

Prüfpunkte
Weiträumige Absicherung durch Umzäunungen
Gefahrbereich vom Bedienpult einsehbar?
Tür–Endschalter nicht manipuliert?
Quittiertaster vorhanden (Einzelquittierung der Zugangstüren/-sicherungen)?
Quittiertaster nicht aus Gefahrbereich zu betätigen?
Bestehende Sichtverbindung zum Gefahrbereich?
Feststehende Verkleidungen und Verdeckungen
Feststehende Verkleidungen und Verdeckungen nur mit Werkzeug entfernbar?
Feststehende Verkleidungen und Verdeckungen nicht unter-, über-, um-, durchgreifbar?
Türen/Tore (bewegliche Verdeckungen)
Türen/Tore nicht unter-, über-, um-, durchgreifbar?
Endschalter nicht manipuliert?
Speziell bei kraftbetätigten Türen/Toren
Ggfs. Schaltleiste unbeschädigt?
Speziell bei möglichem „Gate-Start"
Ggfs. Einschränkungen beachtet (größere Pressen)?
Speziell bei Vertikaltüren/Hubtoren
Tragmittel unbeschädigt?
Ggfs. Fangvorrichtung vorhanden?
Lichtvorhänge (zum Handschutz)
Nachlaufzeit, Sicherheitsabstand an der Presse angegeben?
Ggfs. Sicherung gegen Verschieben des Lichtvorhangs vorhanden?
Lichtvorhang nicht unter-/ über-/umgreifbar?
Hintertretschutz vorhanden?
Ggfs. zu öffnende/entfernbare zusätzliche Sicherungen überwacht?
Anzeige des Schaltzustandes vorhanden?
Quittiertaster vorhanden?
Quittiertaster nicht aus Gefahrbereich zu betätigen?
Bestehende Sichtverbindung zum Gefahrbereich?
Vorschriftsmäßige Type des Lichtvorhangs?
Speziell bei möglichem Taktbetrieb
Einschränkungen beachtet (größere Pressen)?
Mitfahrende Schutzeinrichtungen (an Gesenkbiegepressen)
Anschlusskabel unbeschädigt?
Zweihandschaltungen
Nachlaufzeit, Sicherheitsabstand an der Presse angegeben?
Zweihandschaltung nicht leicht umgehbar?
Anschlusskabel und -stecker unbeschädigt?
Ggfs. Einschränkungen beachtet (Breite der Zugangsöffnung zum Gefahrenbereich)?

Formular (E) für Vermerke

	20__	20__	20__	20__	20__	20__
e nach heranzuziehender Prüfgrundlage/Ergebnis einer Gefährdungsbeurteilung bestehende/ rforderliche Einschränkung hinsichtlich „Gate Starts"						
nach Anforderungen der heranzuziehenden Prüfgrundlage/Ergebnis einer Gefährdungs- eurteilung bestehende/erforderliche Nutzungsbegrenzung von Zweihandschaltungen.						

Prüfpunkte
Einhandtaster/Fußtaster
Schutz gegen unbeabsichtigtes Betätigen vorhanden?
Ggfs. Anschlusskabel und -stecker unbeschädigt?
Kombination der Schutzmaßnahmen zur Absicherung des Werkzeugeinbauraums (Sichtprüfung)
Werkzeugeinbauraum augenscheinlich ausreichend (im Sinne der Prüfgrundlage) gesichert?
Schaltpläne
Steuerung theoretisch in Ordnung?
Funktionsprüfung allgemein
Keine Hubauslösung durch Einschalten des Hauptschalters (gegebener Steuerbefehl)?
Stillsetzen der gefahrbringende Bewegung(en) durch Not-Befehlsgabe?
Not-Halt-/Aus-Taster verrastend?
Keine Hubauslösung durch Rückstellen der Not-Halt-/Aus-Taster?
Keine Hubauslösung bei betätigter Schaltsperre?
Schaltsperre verrastend?
Keine Hubauslösung durch Rückstellen der Schaltsperre?
Umstellen der Betriebsart führt zum Aufheben eines gegebenen Steuerbefehls?
Keine Hubauslösung durch Betätigen von Endschaltern?
Funktionsprüfung speziell bei Türen/Toren
Hubauslösung nur möglich bei in Schutzstellung befindlich. Tür/Tor?
Stillsetzen der gefahrbringenden Bewegung(en) durch Öffnen d. Tür/Tors?
Nächste Hubauslösung nach Zugang nur möglich nach (Einzel-)Quittierung?
Funktionsprüfung speziell bei „Schutzschirmen"
Keine Hubauslösung bei nicht in Schutzstellung befindlichem Schutzschirm?
Korrekte Einstellung der Kupplungshebel-Überwachung?
Durchlauf führt zum Geschlossen-Bleiben der Klappe?
Funktionsprüfung speziell bei Lichtvorhängen
Stillsetzen der gefahrbringenden Bewegung(en) durch Ausschalten des Lichtvorhangs?
Leuchtmelder erlöschen beim Ausschalten des Lichtvorhangs?
Stillsetzen der gefahrbringenden Bewegung(en) durch Einbringen des Prüfstabs?
Ggfs. „Muting" erst nach Beendigung des gefahrbringenden Zustandes?
Setzen der Wiederanlaufsperre bei
> Umstellen der Betriebsart?
> Hubunterbrechung?
> Betriebsart „Schutz" und Eingriff in „OT"?

Formular (E) für Vermerke

	20__	20__	20__	20__	20__	20__

Prüfpunkte
Funktionsprüfung speziell bei möglichem Lichtvorhang-Taktbetrieb
Befehlsgerät für ersten Start wirksam?
Weiterer Steuerbefehl nur innerhalb vorgeschriebener Abschaltzeit möglich?
Funktionsprüfung speziell bei mitfahrenden Schutzeinrichtungen
Prüfkörper-Test positiv abgeschlossen?
„Fuß – schnell ab" nur möglich bei aktiver mitfahrender Schutzeinrichtung?
Funktionsprüfung speziell bei Zweihandschaltungen
Stillsetzen der gefahrbringenden Bewegung(en) durch Loslassen eines Zweihand-Stellteils?
Ggfs. „Übernahme" erst nach Beendigung der gefahrbringenden Zustandes?
Ggfs. realisierte „Rückstellkontrolle"?
Funktionsprüfung speziell bei möglicher Vorwahl von Zweihandschaltungen
Entfernen einer angewählten Zweihandschaltung führt zu Störung?
Stecken einer abgewählten Zweihandschaltung führt zu Störung?
Funktionsprüfung speziell bei Einhandtastern/Fußtastern
Taster leichtgängig und sauber?
Ggfs. begrenzte Schließgeschwindigkeit?
Ggfs. Hubunterbrechung bei Loslassen des Tasters?
Ggfs. Stillsetzen der gefahrbringenden Bewegung(en) bei Durchdrücken/-treten des Tasters?
Kombination der Schutzmaßnahmen zur Absicherung des Werkzeugeinbauraums (Funktionsprüfung)
Die Funktionsprüfung der Schutz- und Steuereinrichtungen zur Absicherung des Werkzeugeinbauraums ergab keine Beanst.?
Funktionsprüfung speziell bei Fangvorrichtungen
Prüfungen nach Zulieferer-Dokumentation durchgeführt?

Formular (E) für Vermerke

	20__	20__	20__	20__	20__	20__
Je nach Anforderungen der heranzuziehenden Prüfgrundlage/Ergebnis einer Gefährdungsbeurteilung erforderliche Rückstellkontrolle.						
Je nach Anforderungen der heranzuziehenden Prüfgrundlage/Ergebnis einer Gefährdungsbeurteilung erforderliche dreistufige Taster.						

Prüfpunkte
Prüfpunkte Formular Messung speziell bei „Klemmköpfen" („Stangenklemmungen", ...)
Ausreichende Haltekraft?
Messung speziell bei möglichem „Nachgreifen"
Nachlaufzeit nicht gravierend verlängert?
Erforderlicher Sicherheitsabstand (beim aufgespannten Werkzeug/bis zur Stößelvorderkante) eingehalten?
Messung speziell bei automatisch abwärts fahrenden Türen/Toren
Vorschriftsmäßige Schließkraft nicht überschritten?
Sicherheits-SPSen
Prüfsumme übereinstimmend mit Herstellerangabe/Änderungsprotokoll?
Frequenzumrichter mit integrierter Sicherheitstechnik
Parametrierung übereinstimmend mit Herstellerangabe/Änderungsprotokoll?
Fehlersimulation
Z. B. folgende Versager von Bauteilen (sofern vorhanden), die in die Selbstüberwachung einbezogen sein müssen, führen zur Störung (sofort/bei nächster Anforderung der Sicherheitsfunktion):
– Querschluss am Betriebsartenwahlschalter?
– Querschluss an ungeschützt verlegten Anschlussleitungen (z.B. von Fußtastern/Pressensicherheitsventilen)?
– statische Signale von „Sicherheitsnocken"?
– statisches Signal/Kabelbruch am Schalter des Laufwächters?
– statische Signale von Bedientür-Endschaltern?
– statische Signale von Quittiertastern?
– statisches Signal der Zustandsabfrage von Stößelverriegelungen?
– Nicht-Abfallen von Schützen?
– Hängenbleiben von Ventilen/einer Ventilhälfte von Doppelventilen?

ormular (E) für Vermerke

	20__	20__	20__	20__	20__	20__

Formular (F)

Nachlaufmessprotokoll

Werkzeuggewicht: ____________ kg

Ggf. Ausbalancierungsdruck: ____________ bar

Ggf. Betriebsdruck (Kupplung/Bremse): ____________ bar

Ggf. Hubzahl, -länge: ____________ min^{-1} ____________ mm

Ggf. Öltemperatur ____________ °C

Stopp-Pkt., Unterbrechung zw. d. Klemmen? ____________ mm, ____________

Nachlaufzeit (ms)	Nachlaufweg (mm)	Bemerkung

Max. ermittelte Nachlaufzeit:		________	ms
Ggf. Ansprechzeit der Schutzeinrichtung:	+	________	ms
	=	________	ms
Greif- bzw. Annäherungsgeschwindigkeit:	×	________	m/s
	=	________	mm
Ggf. zusätzlicher Abstand:	+	________	mm
Erforderlicher Sicherheitsabstand:	=	________	mm

Erforderlicher Sicherheitsabstand eingehalten? ☐ ja ☐ nein

Formular (G)

Prüfungsbefund
über eine Prüfung vor der ersten Inbetriebnahme/
regelmäßige Prüfung/außerordentliche Prüfung

☐ Sichtprüfung ☐ Funktionsprüfung ☐ Nachlaufmessung ☐ Fehlersimulation*)

Die Maschine wurde am ________________ unter Zugrundelegung der ________________
o. a. Prüfung unterzogen. Dabei wurden keine/folgende*) Mängel festgestellt:

Sonstige Bemerkungen:

Der Inbetriebnahme/dem Weiterbetrieb stehen Bedenken – nicht – entgegen.*)

Prüfer:	Betreiber:
(Datum, Unterschrift, ggf. Stempel)	(Datum, Unterschrift)

Mängel behoben **)

*) Nichtzutreffendes bitte streichen, durchgeführte Teilprüfung(en) bitte ankreuzen (Funktionsprüfung: Erproben der Schutz- und Steuereinrichtungen in allen möglichen Betriebsarten.)

**) Bestätigung des Betreibers mit Datum und Unterschrift

Formular (F)

Nachlaufmessprotokoll

Werkzeuggewicht: ____________ kg

Ggf. Ausbalancierungsdruck: ____________ bar

Ggf. Betriebsdruck (Kupplung/Bremse): ____________ bar

Ggf. Hubzahl, -länge: ____________ min^{-1} ____________ mm

Ggf. Öltemperatur ____________ °C

Stopp-Pkt., Unterbrechung zw. d. Klemmen? ____________ mm, ____________

Nachlaufzeit (ms)	Nachlaufweg (mm)	Bemerkung

Max. ermittelte Nachlaufzeit: ____________ ms

Ggf. Ansprechzeit der Schutzeinrichtung: + ____________ ms

= ____________ ms

Greif- bzw. Annäherungsgeschwindigkeit: × ____________ m/s

= ____________ mm

Ggf. zusätzlicher Abstand: + ____________ mm

Erforderlicher Sicherheitsabstand: = ____________ mm

Erforderlicher Sicherheitsabstand eingehalten? ☐ ja ☐ nein

Formular (G)

Prüfungsbefund
über eine Prüfung vor der ersten Inbetriebnahme/
regelmäßige Prüfung/außerordentliche Prüfung

☐ Sichtprüfung ☐ Funktionsprüfung ☐ Nachlaufmessung ☐ Fehlersimulation*)

Die Maschine wurde am ________________ unter Zugrundelegung der ________________
o. a. Prüfung unterzogen. Dabei wurden keine/folgende*) Mängel festgestellt:

Sonstige Bemerkungen:

Der Inbetriebnahme/dem Weiterbetrieb stehen Bedenken – nicht – entgegen.*)

Prüfer:	Betreiber:
(Datum, Unterschrift, ggf. Stempel)	(Datum, Unterschrift)

Mängel behoben **)

*) Nichtzutreffendes bitte streichen, durchgeführte Teilprüfung(en) bitte ankreuzen (Funktionsprüfung: Erproben der Schutz- und Steuereinrichtungen in allen möglichen Betriebsarten.)
**) Bestätigung des Betreibers mit Datum und Unterschrift

Formular (F)

Nachlaufmessprotokoll

Werkzeuggewicht: ____________ kg

Ggf. Ausbalancierungsdruck: ____________ bar

Ggf. Betriebsdruck (Kupplung/Bremse): ____________ bar

Ggf. Hubzahl, -länge: ____________ min^{-1} ____________ mm

Ggf. Öltemperatur ____________ °C

Stopp-Pkt., Unterbrechung zw. d. Klemmen? ____________ mm, ____________

Nachlaufzeit (ms)	Nachlaufweg (mm)	Bemerkung

Max. ermittelte Nachlaufzeit: ____________ ms

Ggf. Ansprechzeit der Schutzeinrichtung: + ____________ ms

= ____________ ms

Greif- bzw. Annäherungsgeschwindigkeit: × ____________ m/s

= ____________ mm

Ggf. zusätzlicher Abstand: + ____________ mm

Erforderlicher Sicherheitsabstand: = ____________ mm

Erforderlicher Sicherheitsabstand eingehalten? ☐ ja ☐ nein

Formular (G)

Prüfungsbefund
über eine Prüfung vor der ersten Inbetriebnahme/
regelmäßige Prüfung/außerordentliche Prüfung

☐ Sichtprüfung ☐ Funktionsprüfung ☐ Nachlaufmessung ☐ Fehlersimulation*)

Die Maschine wurde am ___________________ unter Zugrundelegung der ___________________
o. a. Prüfung unterzogen. Dabei wurden keine/folgende*) Mängel festgestellt:

Sonstige Bemerkungen:

Der Inbetriebnahme/dem Weiterbetrieb stehen Bedenken – nicht – entgegen.*)

Prüfer:	Betreiber:
(Datum, Unterschrift, ggf. Stempel)	(Datum, Unterschrift)

Mängel behoben **)

*) Nichtzutreffendes bitte streichen, durchgeführte Teilprüfung(en) bitte ankreuzen (Funktionsprüfung: Erproben der Schutz- und Steuereinrichtungen in allen möglichen Betriebsarten.)
**) Bestätigung des Betreibers mit Datum und Unterschrift

Formular (F)

Nachlaufmessprotokoll

Werkzeuggewicht: ____________ kg

Ggf. Ausbalancierungsdruck: ____________ bar

Ggf. Betriebsdruck (Kupplung/Bremse): ____________ bar

Ggf. Hubzahl, -länge: ____________ min^{-1} ____________ mm

Ggf. Öltemperatur ____________ °C

Stopp-Pkt., Unterbrechung zw. d. Klemmen? ____________ mm, ____________

Nachlaufzeit (ms)	Nachlaufweg (mm)	Bemerkung

Max. ermittelte Nachlaufzeit: ____________ ms

Ggf. Ansprechzeit der Schutzeinrichtung: + ____________ ms

= ____________ ms

Greif- bzw. Annäherungsgeschwindigkeit: × ____________ m/s

= ____________ mm

Ggf. zusätzlicher Abstand: + ____________ mm

Erforderlicher Sicherheitsabstand: = ____________ mm

Erforderlicher Sicherheitsabstand eingehalten? ☐ ja ☐ nein

Formular (G)

Prüfungsbefund
über eine Prüfung vor der ersten Inbetriebnahme/
regelmäßige Prüfung/außerordentliche Prüfung

☐ Sichtprüfung ☐ Funktionsprüfung ☐ Nachlaufmessung ☐ Fehlersimulation*)

Die Maschine wurde am ____________________ unter Zugrundelegung der ____________________
o. a. Prüfung unterzogen. Dabei wurden keine/folgende*) Mängel festgestellt:

Sonstige Bemerkungen:

Der Inbetriebnahme/dem Weiterbetrieb stehen Bedenken – nicht – entgegen.*)

Prüfer:	Betreiber:
(Datum, Unterschrift, ggf. Stempel)	(Datum, Unterschrift)

Mängel behoben **)

*) Nichtzutreffendes bitte streichen, durchgeführte Teilprüfung(en) bitte ankreuzen (Funktionsprüfung: Erproben der Schutz- und Steuereinrichtungen in allen möglichen Betriebsarten.)

**) Bestätigung des Betreibers mit Datum und Unterschrift

Formular (F)

Nachlaufmessprotokoll

Werkzeuggewicht: ____________ kg

Ggf. Ausbalancierungsdruck: ____________ bar

Ggf. Betriebsdruck (Kupplung/Bremse): ____________ bar

Ggf. Hubzahl, -länge: ____________ min^{-1} ____________ mm

Ggf. Öltemperatur ____________ °C

Stopp-Pkt., Unterbrechung zw. d. Klemmen? ____________ mm, ____________

Nachlaufzeit (ms)	Nachlaufweg (mm)	Bemerkung

Max. ermittelte Nachlaufzeit: ____________ ms

Ggf. Ansprechzeit der Schutzeinrichtung: + ____________ ms

= ____________ ms

Greif- bzw. Annäherungsgeschwindigkeit: × ____________ m/s

= ____________ mm

Ggf. zusätzlicher Abstand: + ____________ mm

Erforderlicher Sicherheitsabstand: = ____________ mm

Erforderlicher Sicherheitsabstand eingehalten? ☐ ja ☐ nein

Formular (G)

Prüfungsbefund
über eine Prüfung vor der ersten Inbetriebnahme/
regelmäßige Prüfung/außerordentliche Prüfung

☐ Sichtprüfung ☐ Funktionsprüfung ☐ Nachlaufmessung ☐ Fehlersimulation*)

Die Maschine wurde am __________________ unter Zugrundelegung der __________________
o. a. Prüfung unterzogen. Dabei wurden keine/folgende*) Mängel festgestellt:

Sonstige Bemerkungen:

Der Inbetriebnahme/dem Weiterbetrieb stehen Bedenken – nicht – entgegen.*)

Prüfer:	Betreiber:
(Datum, Unterschrift, ggf. Stempel)	(Datum, Unterschrift)

Mängel behoben **)

*) Nichtzutreffendes bitte streichen, durchgeführte Teilprüfung(en) bitte ankreuzen (Funktionsprüfung: Erproben der Schutz- und Steuereinrichtungen in allen möglichen Betriebsarten.)

**) Bestätigung des Betreibers mit Datum und Unterschrift

Formular (F)

Nachlaufmessprotokoll

Werkzeuggewicht:	____________ kg		
Ggf. Ausbalancierungsdruck:	____________ bar		
Ggf. Betriebsdruck (Kupplung/Bremse):	____________ bar		
Ggf. Hubzahl, -länge:	____________ min^{-1}	____________ mm	
Ggf. Öltemperatur	____________ °C		
Stopp-Pkt., Unterbrechung zw. d. Klemmen?	____________ mm,	____________	

Nachlaufzeit (ms)	Nachlaufweg (mm)	Bemerkung

Max. ermittelte Nachlaufzeit:		____________ ms
Ggf. Ansprechzeit der Schutzeinrichtung:	+	____________ ms
	=	____________ ms
Greif- bzw. Annäherungsgeschwindigkeit:	×	____________ m/s
	=	____________ mm
Ggf. zusätzlicher Abstand:	+	____________ mm
Erforderlicher Sicherheitsabstand:	=	____________ mm

Erforderlicher Sicherheitsabstand eingehalten? ☐ ja ☐ nein

Formular (G)

Prüfungsbefund
über eine Prüfung vor der ersten Inbetriebnahme/
regelmäßige Prüfung/außerordentliche Prüfung

☐ Sichtprüfung ☐ Funktionsprüfung ☐ Nachlaufmessung ☐ Fehlersimulation*)

Die Maschine wurde am ____________________ unter Zugrundelegung der ____________________
o. a. Prüfung unterzogen. Dabei wurden keine/folgende*) Mängel festgestellt:

Sonstige Bemerkungen:

Der Inbetriebnahme/dem Weiterbetrieb stehen Bedenken – nicht – entgegen.*)

Prüfer:	Betreiber:
(Datum, Unterschrift, ggf. Stempel)	(Datum, Unterschrift)

Mängel behoben **)

*) Nichtzutreffendes bitte streichen, durchgeführte Teilprüfung(en) bitte ankreuzen (Funktionsprüfung: Erproben der Schutz- und Steuereinrichtungen in allen möglichen Betriebsarten.)

**) Bestätigung des Betreibers mit Datum und Unterschrift

4.2 Sicherheitsabstand

Verletzungen durch das Pressenwerkzeug können durch Zweihandschaltungen oder berührungslos wirkende Schutzeinrichtungen (hier: Lichtvorhänge, zum Handschutz) verhindert werden, wenn diese Schutzeinrichtungen in ausreichendem Abstand zum Gefahrbereich, dem Sicherheitsabstand (S), angebaut werden.

Allgemeine Berechnungsformel:

$$S = K \times T \; (+ \, C)$$

K Greif- bzw. Annäherungsgeschwindigkeit
T Nachlaufzeit bzw. Gesamt-Ansprechzeit
C ggf. zusätzlicher Abstand (siehe dazu anzuwendende Sicherheitsvorschrift)

4.3 Nachlaufmessung

Bei der Nachlaufmessung sind diejenigen Betriebsverhältnisse zu berücksichtigen, die zum größten Wert des Nachlaufes führen.

Normalerweise wird der Stopp ausgelöst, wenn die größte Stößelgeschwindigkeit erreicht ist.

Bei schnelllaufenden Exzenterpressen ergibt sich häufig ein großer Nachlaufwinkel. Hier wird u. U. nicht die maximale Nachlaufzeit ermittelt, wenn die Unterbrechung der Senkbewegung bei halber Hubhöhe (90° Kurbelwinkel nach dem oberen Totpunkt) erfolgt. Bei schnelllaufenden Exzenterpressen ist daher empfehlenswert, probeweise auch früher (< 90° Kurbelwinkel nach dem oberen Totpunkt) den Stopp auszulösen.

In den Europäischen Normen für Pressen für die Kaltbearbeitung von Metall ist beschrieben, wie die „Gesamt-Ansprechzeit“ bei entsprechend diesen Normen hergestellten Pressen zu bestimmen ist.

5. Betriebsarten/Bewegungen/Schutzmaßnahmen

Formular (H)

		Schutzeinrichtungen, ergänzende Schutzmaßnahmen																
Betriebsart	Bewegung															Not-Halt/-Aus	Schaltsperre	Steuern mit …, Bemerkungen

(✓) Wirksam (X) Unwirksam

6. Notizen